AF498157

# GRAND TARIF

## OV

## EVALVATION DV PRIX

### DV MARC ET DIMINVTIONS

des Pieces d'argent legeres & rongnées tant de France qu'Estrangeres.

Depuis le grain de chaque Espece iusques à cent Marcs, pour seruir aux Bureaux des Tresoriers, Receueurs generaux, & autres Bureaux où il se reçoit ordinairement grande quantité d'argent.

*Suiuant les Declarations du Roy du mois de Iuin 1636 & 29 Octobre 1640. & Arrest de la Cour des Monnoyes au 30. dudit mois.*

### A PARIS,

Chez SEBASTIEN CRAMOISY, Imprimeur ordinaire du Roy, & en la Cour des Monnoyes, ruë sainct Iacques, aux Cicognes.

---

### M. DC. XLI.

*Auec Priuilege de sa Majesté.*

# GRAND TARIF
## POVR LES ESPECES
d'Argent legeres , tant de
France qu'Eftrangeres.

---

## PIECES CY-DEVANT
appellées *Quarts d'Efcus.*

| | |
|---|---|
| VN E GRAIN, | 1 d. pite $\frac{1}{4}$ de p. |
| Deux Grains, | 2 d. ob femip. |
| Trois, | 3 d. ob. p fem. |
| Quatre, | 5 d. p. |
| Cinq, | 6 d. ob. |
| Six, | 7 d. ob. p. femip. |
| Sept, | 9 d. femip. |
| Huict, | 10 d. ob. |
| Neuf, | 11 d. ob. p. |
| Dix, | 1 f. 1 d. femip. |
| Onze, | 1 f. 2 d. p. femip. |
| Douze, | 1 f. 3 d. ob. p. |
| Treize, | 1 f. 5 d. |
| Quatorze | 1 f. 6 d. p. femip. |

| | |
|---|---|
| Quinze, | 1 ſ. 7 d. ob. ſem. |
| Seize, | 1 ſ. 9 d |
| Dix ſept, | 1 ſ. 10 d. p. |
| Dix huict, | 1 ſ. 11 d. ob. ſem. |
| Dix neuf, | 2 ſ. … ob. p. ſe. |
| Vingt, | 2 ſ. 2 d. p. |
| Vingt vn, | 2 ſ. 3 d. ob. |
| Vingt deux, | 2 ſ. 4 d. b. p. ſ. |
| Vingt trois | 2 ſ. 6 d. ſemip. |
| LE DENIER, | 2 ſ. 7 d. ob. |
| Le demy Gros, | 3 ſ. 11 d. p. |
| LE GROS, | 7 ſ. 10 d. ob. |
| Deux, | 15 ſ. 9 d. |
| Trois, | 1 l. 3 ſ. 7 d. ob. |
| Quatre, | 1 l. 11 . 6 d. |
| Cinq, | 1 l. 19 ſ. 4 d. ob. |
| Six, | 2 l. 7 ſ. 3 d. |
| Sept, | 2 l. 15 ſ. 1 d. ob. |
| L'ONCE, | 3 l. 3 ſ. |
| Deux, | 6 l. 6 ſ. |
| Trois, | 9 l. 9 ſ. |
| Quatre, | 12 l. 12 ſ. |
| Cinq, | 15 l. 15 ſ. |
| Six, | 18 l. 18 ſ. |
| Sept, | 22 l. 1 ſ. |
| LE MARC, | 25 . 4 ſ. |
| Deux, | 50 l. 8 ſ. |
| Trois, | 75 l. 12 ſ. |
| Quatre, | 100 l. 16 ſ. |
| Cinq, | 126 l. |
| Six, | 151 l. 4 ſ. |

| | |
|---|---|
| Sept, | 176 l. 8 f. |
| Huict, | 201 l. 2 f. |
| Neuf, | 226 l. 16 f. |
| Dix, | 252 l. |
| Onze, | 277 l. 4 f. |
| Douze, | 302 l. 8 f. |
| Treize, | 327 l. 12 f. |
| Quatorze, | 352 l. 16 f. |
| Quinze, | 378 l. |
| Seize, | 403 l. 4 f. |
| Dix sept, | 428 l. 8 f. |
| Dix huict, | 453 l. 12 f. |
| Dix neuf, | 478 l. 16 f. |
| Vingt, | 504 l. |
| Vingt vn, | 529 l. 4 f. |
| Vingt deux, | 554 l. 8 f. |
| Vingt trois, | 579 l. 12 f. |
| Vingt quatre, | 604 l. 16 f. |
| Vingt cinq, | 630 l. |
| Vingt six, | 655 l. 4 f. |
| Vingt sept, | 680 l. 8 f. |
| Vingt huict, | 705 l. 12 f. |
| Vingt neuf, | 730 l. 16 f. |
| Trente, | 756 l. |
| Trente vn, | 781 l. 4 f. |
| Trente deux, | 806 l. 8 f. |
| Trente trois, | 831 l. 12 f. |
| Trente quatre, | 856 l. 16 f. |
| Trente cinq, | 882 l. |
| Trente six, | 907 l. 4 f. |
| Trente sept, | 932 l. 8 f. |

| | |
|---|---|
| Trente huict, | 957 l. 12 f. |
| Trente neuf, | 982 l. 16 f. |
| Quarante, | 1008 l. |
| Quarante vn, | 1033 l. 4 f. |
| Quarante deux, | 1058 l. 8 f. |
| Quarante trois, | 1083 l. 12 f. |
| Quarante quatre, | 1108 l. 16 f. |
| Quarante cinq, | 1134 l. |
| Quarante six, | 1159 l. 4 f. |
| Quarante sept, | 1184 l. 8 f. |
| Quarante huict, | 1209 l. 12 f. |
| Quarante neuf, | 1234 l. 16 f. |
| Cinquante, | 1260 l. |
| Cinquante vn, | 1285 l. 4 f. |
| Cinquante deux, | 1310 l. 8 f. |
| Cinquante trois, | 1335 l. 12 f. |
| Cinquante quatre, | 1360 l. 16 f. |
| Cinquante cinq, | 1386 l. |
| Cinquante six, | 1411 l. 4 f. |
| Cinquante sept, | 1436 l. 8 f. |
| Cinquante huict, | 1461 l. 12 f. |
| Cinquante neuf, | 1486 l. 16 f. |
| Soixante, | 1512 l. |
| Soixante vn, | 1537 l. 4 f. |
| Soixante deux | 1562 l. 8 f. |
| Soixante trois, | 1587 l. 12 f. |
| Soixante quatre, | 1612 l. 16 f. |
| Soixante cinq, | 1638 l. |
| Soixante six, | 1663 l. 4 f. |
| Soixante sept, | 1688 l. 8 f. |
| Soixante huict, | 1713 l. 12 f. |

| | |
|---|---|
| Soixante neuf, | 1738 l. 16 f. |
| Soixante dix, | 1764 l. |
| Soixante onze, | 1789 l. 4 f. |
| Soixante douze, | 1814 l. 8 f. |
| Soixante treize, | 1839 l. 12 f. |
| Soixante quatorze, | 1864 l. 16 f. |
| Soixante quinze, | 1890 l. |
| Soixante seize, | 1915 l. 4 f. |
| Soixante dix sept, | 1940 l. 8 f. |
| Soixante dix huict, | 1965 . 12 f. |
| Souxante dix neuf, | 1990 l. 16 f. |
| Quatre vingt, | 2016 l. |
| Quatre vingt vn, | 2041 l. 4 f. |
| Quatre vingt deux, | 2066 l. 8 f. |
| Quatre vingt trois, | 2091 l. 12 f. |
| Quatre vingt quatre, | 2116 l. 16 f. |
| Quatre vingt cinq, | 2142 l. |
| Quatre vingt six, | 2167 l. 4 f. |
| Quatre vingt sept, | 2192 l. 8 f. |
| Quatre vingt huict, | 2217 l. 12 f. |
| Quatre vingt neuf, | 2242 l. 16 f |
| Quatre vingt dix, | 2268 l. |
| Quatre vingt onze, | 2293 l. 4 f. |
| Quatre vingt douze, | 2318 l. 8 f. |
| Quatre vingt treize, | 2343 l. 12 f. |
| Quatre vingt quatorze, | 2368 l. 16 f. |
| Quatre vingt quinze, | 2394 l. |
| Quatre vingt seize, | 2419 l. 4 f. |
| Quatre vingt dix sept, | 2444 l. 8 f. |
| Quatre vingt dix huict, | 2469 l. 12 f. |
| Quatre vingt dix neuf, | 2494 l. 16 f. |

| | |
|---|---|
| Cent, | 2520 l. |
| Deux cens, | 5040 l. |
| Trois cens, | 7560 l. |
| Quatre cens, | 10080 l. |
| Cinq cens, | 12600 l. |
| Mil, | 25200 l. |

---

## TESTONS.

| | |
|---|---|
| LE GRAIN, | 1 d. pite $\frac{69}{384}$ de p. |
| Deux Grains, | 2 d. ob. |
| Trois, | 3 d. ob. p. femip. |
| Quatre, | 5 d. femip. |
| Cinq, | 6 d. p. femip. |
| Six, | 7 d. ob. p. |
| Sept, | 9 d. |
| Huiɛt, | 10 d. p. |
| Neuf, | 11 d. ob. femip. |
| Dix, | 1 f. . . . . . . ob. p. femip. |
| Onze, | 1 f. 2 d. femip. |
| Douze, | 1 f. 3 d. ob. $\frac{15}{96}$ de p. |
| Treize, | 1 f. 4 d. ob. p. |
| Quatorze, | 1 f. 6 d. femip. |
| Quinze, | 1 f. 7 d. p. femip. |
| Seize, | 1 f. 8 d. ob. femip. |
| Dix fept, | 1 f. 10 d. |
| Dix huiɛt, | 1 f. 11 d. p. |
| Dix neuf, | 2 f. . . . . . . ob. |
| Vingt, | 2 f. 1 d. ob. p. femip. |

Vingtvn,

| | |
|---|---|
| Vingt vn, | 2 f. 3 d. femipite. |
| Vingt deux, | 2 f. 4 d. p. femip. |
| Vingt trois, | 2 f. 5 d. ob p. |
| Le DENIER, | 2 f. 7 d. $\frac{5}{16}$. de p. |
| Le demy Gros, | 3 f. 10 d. ob. $\frac{45}{56}$ de p. |
| Le GROS, | 7 f. 9 d. femip. $\frac{7}{16}$ de p. |
| Deux, | 15 f. 6 d. p. femip. |
| Trois, | 1 l. 3 f 3 d. ob. femip. |
| Quatre, | 1 l. 11 f. ob. p. femip. |
| Cinq, | 1 l. 18 f. 10 d. femip. |
| Six, | 2 l. 6 f. 7 d. p. femip. |
| Sept, | 2 l. 14 f. 4 d. ob. femip. |
| L'ONCE, | 3 l. 2 f. 1 d. ob .p. femip. |
| Deux, | 6 l. 4 f. 3 d. ob. p. |
| Trois, | 9 l. 6 f. 5 d. ob. femip. |
| Quatre, | 12 l. 8 f. 7 d. ob. |
| Cinq, | 15 l. 10 f. 9 d. p. femip. |
| Six, | 18 l. 12 f. 11 d. p. |
| Sept, | 21 l. 15 f. 1 d. femip. |
| Le MARC, | 24 l. 17 f. 3 d. |
| Deux, | 49 l. 14 f. 6 d. |
| Trois, | 74 l. 11 f. 9. d. |
| Quatre, | 99 l. 9 f. |
| Cinq, | 124 l. 6 f. 3 d. |
| Six, | 149 l. 3 f. 6 d. |
| Sept, | 174 l. .... 9 d. |
| Huict, | 198 l. 18 f. |
| Neuf, | 223 l. 15 f. 3 d. |
| Dix, | 248 l. 12 f. 6 d. |
| Vnze, | 273 l. 9 f. 9 d. |
| Douze, | 298 l. 7 f. |

| | |
|---|---|
| Treize, | 323 l. 4 ſ. 3 d. |
| Quatorze, | 348 l. 1 ſ. 6 d. |
| Quinze, | 372 l. 18 ſ. 9 d. |
| Seize, | 397 l. 16 ſ. |
| Dix ſept, | 422 l. 13 ſ. 3 d. |
| Dix huict, | 447 l. 10 ſ. 6 d. |
| Dix neuf, | 472 l. 7 ſ. 9 d. |
| Vingt, | 497 l. 5 ſ. |
| Vingt vn, | 522 l. 2 ſ. 3 d. |
| Vingt deux, | 546 l. 19 ſ. 6 d. |
| Vingt trois, | 571 l. 16 ſ. 9 d. |
| Vingt quatre, | 596 l. 14 ſ. |
| Vingt cinq, | 621 l. 11 ſ. 3 d. |
| Vingt ſix | 646 l. 8 ſ. 6 d. |
| Vingt ſept, | 671 l. 5 ſ. 9 d. |
| Vingt huict, | 696 l. 3 ſ. |
| Vingt neuf, | 721 l. . . . . 3 d. |
| Trente, | 745 l. 17 ſ. 6 d. |
| Trente vn, | 770 l. 14 ſ. 9 d. |
| Trente deux, | 795 l. 12 ſ. |
| Trente trois, | 820 l. 9 ſ. 3 d. |
| Trente quatre, | 845 l 6 ſ. 6 d. |
| Trente cinq, | 870 l. 3 ſ. 9 d. |
| Trente ſix, | 895 l. 1 ſ. |
| Trente ſept, | 919 l. 18 ſ. 3 d. |
| Trente huict, | 944 l. 15 ſ. 6 d. |
| Trente neuf, | 969 l. 12. ſ. 9 d. |
| Quarante, | 994 l. 10 ſ. |
| Quarante vn, | 1019 l. 7 ſ. 3 d. |
| Quarante deux, | 1044 l. 4 ſ. 6 d. |
| Quarante trois, | 1069 l. 1 ſ. 9 d |

| | |
|---|---|
| Quarante quatre, | 1093 l. 19 f. |
| Quarante cinq, | 1118 l. 16 f. 3 d. |
| Quarante fix, | 1143 l. 13 f. 6 d. |
| Quarante fept, | 1168 l. 10 f. 9 d. |
| Quarante huiⅇⅿ, | 1193 l. 8 f. |
| Quarante neuf. | 1218 l. 5 f. 3 d. |
| Cinquante, | 1243 l. 2 f. 6 d. |
| Cinquante vn, | 1267 l. 19 f. 9 d. |
| Cinquante deux, | 1292 l. 17 f. |
| Cinquante trois, | 1317 l. 14 f. 3 d. |
| Cinquante quatre, | 1342 l. 11 f. 6 d. |
| Cinquante cinq, | 1367 l. 8 f. 9 d |
| Cinquante fix, | 1392 l. 6 f. |
| Cinquante fept, | 1417 l. 3 f. 3 d. |
| Cinquante huiⅇⅿ, | 1442 l.        6 d. |
| Cinquante neuf, | 1466 l. 17 f. 9d. |
| Soixante, | 1491 l. 15 f. |
| Soixante vn, | 1516 l. 12 f. 3 d. |
| Soixante deux, | 1541 l. 9 f. 6 d. |
| Soixante trois, | 1566 l. 6 f. 9 d. |
| Soixante quatre, | 1591 l. 4 f. |
| Soixante cinq, | 1616 l. 1 f. 3 d |
| Soixante fix, | 1640 l. 18 f. 6 d. |
| Soixante fept, | 1665 l. 15 f. 9 d. |
| Soixante huiⅇⅿ, | 1690 l. 13 f. |
| Soixante neuf, | 1715 l. 10 f. 3 d. |
| Soixante dix, | 1740 l. 7 f. 6 d. |
| Soixante vnze, | 1765 l. 4 f. 9 d. |
| Soixante douze, | 1790 l. 2 f. |
| Soixante treize, | 1814 l. 19 f. 3 d. |
| Soixante quatorze, | 1839 l. 16 f. 6d. |

| | |
|---|---|
| Soixante quinze, | 1864 l. 13 ſ. 9 d. |
| Soixante ſeize, | 1889 l. 11 ſ. |
| Soixante dix ſept, | 1914 l. 8 ſ. 3 d. |
| Soixante dix huiſt, | 1939 l. 5 ſ. 6 d. |
| Soixante dix neuf, | 1964 l. 2 ſ. 9 d. |
| Quatre vingt, | 1989 l. |
| Quatre vingt vn, | 2013 l. 17 ſ. 3 d. |
| Quatre vingt deux, | 2038 l. 14 ſ. 6 d. |
| Quatre vingt trois, | 2063 l. 11 ſ. 9 d. |
| Quatre vingt quatre, | 2088 l. 9 ſ. |
| Quatre vingt cinq, | 2113 l. 6 ſ. 3 d. |
| Quatre vingt ſix, | 2138 l. 3 ſ. 6 d. |
| Quatre vingt ſept, | 2163 l. ...... 9 d. |
| Quatre vingt huiſt, | 2187 l. 18 ſ. |
| Quatre vingt neuf, | 2212 l. 15 ſ. 3 d. |
| Quatre vingt dix, | 2237 l. 12 ſ. 6 d. |
| Quatre vingt vnze, | 2262 l. 9 ſ. 9 d. |
| Quatre vingt douze, | 2287 l. 7 ſ. |
| Quatre vingt treize, | 2312 l. 4 ſ. 3 d. |
| Quatre vingt quatorze, | 2337 l. 1 ſ. 6 d. |
| Quatre vingt quinze, | 2361 l. 18 ſ. 9 d. |
| Quatre vingt ſeize, | 2386 l. 16 ſ. |
| Quatre vingt dix ſept, | 2411 l. 13 ſ. 3 d. |
| Quatre vingt dix huiſt, | 2436 l. 10 ſ. 6 d. |
| Quatre vingt dix neuf, | 2461 l. 7 ſ. 9 d. |
| Cent, | 2486 l. 5 ſ. |
| Deux cens, | 4972 l. 10 ſ. |
| Trois cens, | 7458 l. 15 ſ. |
| Quatre cens, | 9945 l. |
| Cinq cens, | 12431 l. 5 ſ. |
| Mil, | 24862 l. 10. ſ. |

# FRANCS.

| | |
|---|---|
| LE GRAIN, | 1 d. ſemip. $\frac{135}{384}$ de p. |
| Deux Grains, | 2 d. p. ſemipite. |
| Trois, | 3 d. ob. ſemip. |
| Quatre, | 4 d. ob. p. |
| Cinq, | 6 d. |
| Six, | 7 d. pite. |
| Sept, | 8 d. p. ſemip. |
| Huict, | 9 d. ob. ſemip. |
| Neuf, | 10 d. ob. p. ſemip. |
| Dix, | 1 ſ. . . . . . ſemip. |
| Vnze, | 1 ſ. 1 d. pite. |
| Douze, | 1 ſ. 2 d. ob. ſemip. |
| Treize, | 1 ſ. 3 d. ob. pite. |
| Quatorze, | 1 ſ. 4 d. ob. p. ſemip. |
| Quinze, | 1 ſ. 6 d. . . . . . . ſemip. |
| Seize, | 1 ſ. 7 d. p. ſemip. |
| Dix ſept, | 1 ſ. 8 d. obole. |
| Dix huict, | 1 ſ. 9 d. ob. p. |
| Dix neuf, | 1 ſ. 11 d. |
| Vingt, | 2 ſ. pite. |
| Vingt vn, | 2 ſ. 1 d. p. ſemip. |
| Vingt deux, | 2 ſ. 2 d. ob. |
| Vingt trois, | 2 ſ. 3 d. ob. p. ſemip. |
| Le DENIER, | 2 ſ. 5 d. $\frac{7}{15}$ de p. |
| Le demy Gros, | 3 ſ. 7 d. ob. ſemip. $\frac{15}{96}$ de p. |
| LE GROS, | 7 ſ. 3 d. p. $\frac{5}{16}$ de p. |

| | |
|---|---|
| Deux, | 14 ſ. 6 d. ob. ſemip. |
| Trois, | 1 l. 1 ſ. 9 d. ob. p ſemip. |
| Quatre, | 1 l. 9 ſ. 1 d. p. |
| Cinq, | 1 l. 16 ſ. 4 d. ob. ſemip. |
| Six, | 2 l. 3 ſ. 7 d. ob. p. ſemip. |
| Sept, | 2 l. 10 ſ. 11 d. p. |
| L'ONCE, | 2 l. 18 ſ. 2 d. ob. ſemip. |
| Deux, | 5 l. 16 ſ. 5 d. p. |
| Trois, | 8 l. 14 ſ. 7 d. ob. p. ſemip. |
| Quatre, | 11 l. 12 ſ. 10 d. ob. |
| Cinq, | 14 l. 11 ſ. 1 d. ſemip. |
| Six, | 17 l. 9 ſ. 3 d. ob. p. |
| Sept, | 20 l. 9 ſ. 6 d. p. ſemip. |
| LE MARC, | 23 l. 5 ſ. 9 d. |
| Deux, | 46 l. 11 ſ. 6 d. |
| Trois, | 69 l. 17 ſ. 3 d. |
| Quatre, | 93 l. 3 ſ. |
| Cinq, | 116 l. 8 ſ. 9 d. |
| Six, | 139 l. 14 ſ. 6 d. |
| Sept, | 163 l. ..... 3 d. |
| Huict, | 186 l. 16 ſ. |
| Neuf, | 209 l. 11 ſ. 9 d. |
| Dix, | 232 l. 17 ſ. 6 d. |
| Vnze, | 256 l. 3 ſ. 3 d. |
| Douze, | 279 l. 9 ſ. |
| Treize, | 302 l. 14 ſ. 9 d. |
| Quatorze, | 326 l. ..... 6 d. |
| Quinze, | 349 l. 6 ſ. 3 d. |
| Seize, | 372 l. 12 ſ. |
| Dix ſept, | 395 l. 17 ſ. 9 d. |
| Dix huict, | 419 l. 3 ſ. 6 d. |

| | |
|---|---|
| Dix neuf, | 442 l. 9 f. 3 d. |
| Vingt, | 465 l. 15 f. |
| Vingt vn, | 489 l. .... 9 d. |
| Vingt deux, | 512 l. 6 f. 6 d. |
| Vingt trois, | 535 l. 12 f. 3 d. |
| Vingt quatre, | 558 l. 18 f. |
| Vingt cinq, | 582 l. 3 f. 9 d. |
| Vingt six, | 605 l. 9 f. 6 d. |
| Vingt sept, | 628 l. 15 f. 3 d. |
| Vingt huict, | 652 l. 1 f. |
| Vingt neuf, | 675 l. 6 f. 9 d. |
| Trente, | 698 l. 12 f. 6 d. |
| Trente vn, | 721 l. 18 f. 3 d. |
| Trente deux, | 745 l. 4 f. |
| Trente trois, | 768 l. 9 f. 9 d |
| Trente quatre, | 791 l. 15 f. 6 d. |
| Trente cinq, | 815 l. 1 f. 3 d. |
| Trente six, | 838 l. 7 f. |
| Trente sept, | 861 l. 12 f. 9 d. |
| Trente huict, | 884 l. 18 f. 6 d. |
| Trente neuf, | 908 l. 4 f. 3 d. |
| Quarante, | 931 l. 10 f. |
| Quarante vn, | 954 l. 15 f. 9 d. |
| Quarante deux, | 978 l. 1 f. 6 d. |
| Quarante trois, | 1001 l. 7 f. 3 d. |
| Quarante quatre, | 1024 l. 13 f. |
| Quarante cinq, | 1047 l. 18 f. 9 d. |
| Quarante six, | 1071 l. 4 f. 6 d. |
| Quarante sept, | 1094 l. 10 f. 3 d. |
| Quarante huict, | 1117 l. 16 f. |
| Quarante neuf, | 1141 l. 1 f. 9 d. |

| | |
|---|---|
| Cinquante, | 1164 l. 7 f. 6 d. |
| Cinquante vn, | 1187 l. 13 f. 3 d. |
| Cinquante deux, | 1210 l. 19 f. |
| Cinquante trois, | 1234 l. 4 f. 9 d. |
| Cinquante quatre, | 1257 l 10 f. 6 d. |
| Cinquante cinq, | 1280 l. 16 f. 3 d. |
| Cinquante fix, | 1304 l. 2 f. |
| Cinquante fept, | 1327 l. 7 f. 9 d. |
| Cinquante huict, | 1350 l. 13 f. 6 d. |
| Cinquante neuf, | 1373 l. 19 f. 3 d. |
| Soixante, | 1397 l. 5 f. |
| Soixante vn, | 1420 l. 10 f. 9 d. |
| Soixante deux, | 1443 l. 16 f. 6 d. |
| Soixante trois, | 1467 l. 2 f. 3 d. |
| Soixante quatre, | 1490 l. 8 f. |
| Soixante cinq, | 1513 l. 13 f. 9 d. |
| Soixante fix, | 1536 l. 19 f. 6 d. |
| Soixante fept, | 1560 l. 5 f. 3 d. |
| Soixante huict, | 1583 l. 11 f. |
| Soixante neuf, | 1606 l. 16 f. 9 d. |
| Soixante dix, | 1630 l. 2 f. 6 d. |
| Soixante vnze, | 1653 l. 8 f. 3 d. |
| Soixante douze, | 1676 l. 14 f. |
| Soixante treize, | 1699 l. 19 f. 9 d. |
| Soixante quatorze, | 1723 l. 5 f. 6 d. |
| Soixante quinze, | 1746 l. 11 f. 3 d. |
| Soixante feize, | 1769 l. 17 f. |
| Soixante dix fept, | 1793 l. 2 f. 9 d. |
| Soixante dix huict, | 1816 l. 8 f. 6 d. |
| Soixante dix neuf, | 1839 l 14 f. 3 d. |
| Quatre vingt, | 1863 l. |

Quatre

| | |
|---|---|
| quatre vingt vn, | 1886 l. 5 ſ. 9 d. |
| quatre vingt deux, | 1909 l. 11 ſ. 6 d. |
| quatre vingt trois, | 1932 l 17 ſ. 3 d. |
| quatre vingt quatre, | 1956 l. 3 ſ. |
| quatre vingt cinq, | 1979 l. 8 ſ. 9 d. |
| quatre vingt ſix, | 2002 l. 14 ſ. 6 d. |
| quatre vingt ſept, | 2026 l. ..... 3 d. |
| quatre vingt huict, | 2049 l. 6 ſ. |
| quatre vingt neuf, | 2072 l. 11 ſ. 9 d. |
| quatre vingt dix, | 2095 l. 17 ſ. 6 d. |
| quatre vingt onze, | 2119 l. 3 ſ. 3 d. |
| quatre vingt douze, | 2142 l. 9 ſ. |
| quatre vingt treize, | 2165 l. 14 ſ. 9 d. |
| quatre vingt quatorze, | 2189 l ..... 6 d. |
| quatre vingt quinze, | 2212 l. 6 ſ. 3 d. |
| quatre vingt ſeize, | 2235 l. 12 ſ. |
| quatre vingt dix ſept, | 2258 l. 17 ſ. 9 d. |
| quatre vingt dix huict, | 2282 l. 3 ſ. 6 d. |
| quatre vingt dix neuf, | 2305 l. 9 ſ. 3 d. |
| Cent, | 2328 l. 15 ſ. |
| Deux cens, | 4657 l. 10 ſ. |
| Trois cens, | 6986 l. 5. ſ. |
| Quatre cens, | 9315 l. |
| Cinq cens, | 11643 l. 15 ſ. |
| Mil, | 23287 l. 10 ſ. |

# PIECES D'ARGENT ESTRANGERES.

---

## REALLES D'ESPAGNE.

PARCE QVE LES REAL-
les d'Espagne sont au mesme titre que les pieces cy - deuant appellées Quarts d'Escus, sçauoir
est, à vnze deniers de fin; pour
autāt les Grains, Deniers, Gros,
Onces & Marcs d'icelles, sont
au mesme prix & valeur que des
Quarts d'Escus.

---

## Ducatons de Milan, Florence, Sauoye, Venise, & Parme.

| | |
|---|---|
| LE GRAIN, | 1 d. pite $\frac{69}{192}$ de p. |
| Deux Grains, | 2 d. obole. |
| Trois, | 4 d. |
| Quatre, | 5 d. pite. |

| | |
|---|---|
| Cinq, | 6 d. ob. |
| Six, | 8 d. |
| Sept, | 9 d. p. |
| Huict, | 10 d. ob. |
| Neuf, | 1 ſ. |
| Dix, | 1 ſ. 1 d. p. |
| Onze, | 1 ſ. 2 d. ob. |
| Douze, | 1 ſ. 4 d. |
| Treize, | 1 ſ. 5 d. p. |
| Quatorze, | 1 ſ. 6 d. ob. |
| Quinze, | 1 ſ. 8 d. |
| Seize, | 1 ſ. 9 d. p. |
| Dix ſept, | 1 ſ. 10 d. ob. |
| Dix huict, | 2 ſ. |
| Dix neuf, | 2 ſ. 1 d. p. |
| Vingt, | 2 ſ. 2 d. ob. |
| Vingt vn, | 2 ſ. 4 d. |
| Vingt deux, | 2 ſ. 5 d. p. |
| Vingt trois, | 2 ſ. 6 d. ob. |
| Lᴇ DENIER, | 2ſ. 8 d. ſe. $\frac{1}{3}$ de p. |
| Le demy-Gros, | 4 ſ. ſemip. |
| Lᴇ GROS, | 8 ſ. p. ſem. $\frac{9}{21}$ de p. |
| Deux, | 16 ſ. ob. p. ſemip. |
| Trois, | 1 l. 4 ſ. 1 d. p. ſe. |
| Quatre, | 1 L. 12 ſ. 1 d. o. p. ſe. |
| Cinq, | 2 l. ...... 2 d. p. |
| Six, | 2 l. 8 ſ. 2 d. ob. p. |
| Sept, | 2 l. 16 ſ. 3 d. p. |
| L'ONCE, | 3 l. 4 ſ. 3 d. ob. p. |
| Deux, | 6 l. 8 ſ. 7 d. ob. |
| Trois, | 9 l. 12 ſ. 11 d. p. |

| | |
|---|---|
| Quatre | 12 l. 17 f. 3. d. |
| Cinq, | 16 l. 1 f. 6 d. ob. p. |
| Six, | 19 l. 5 f. 10 d. ob. |
| Sept, | 22 l. 10 f. 2 d. p. |
| Lᵉ MARC, | 25 l. 14 f. 6 d. |
| Deux, | 51 l. 9 f. |
| Trois, | 77 l. 3 f. 6 d. |
| Quatre, | 102 l. 18 f. |
| Cinq, | 128 l. 12 f. 6 d. |
| Six, | 154 l. 7 f. |
| Sept, | 180 l. 1 f. 6 d. |
| Huict, | 205 l. 16 f. |
| Neuf, | 231 l. 10 f. 6 d. |
| Dix, | 257 l. 5 f. |
| Vingt, | 514 l. 10 f. |
| Trente, | 771 l. 15 f. |
| Quarante, | 1029 l. |
| Cinquante, | 1286 l. 5 f. |
| Cent, | 2572 l. 10 f. |

---

## Ducatons de Flandres.

| | |
|---|---|
| LE GRAIN | 1 d. pite $\frac{15}{192}$ de pite. |
| Deux Grains, | 2 d. ob. |
| Trois, | 3 d. ob. p. |
| Quatre, | 5 d. |
| Cinq, | 6 d. p. |
| Six, | 7 d. ob. |
| Sept, | 8 d. ob. p. |

| | |
|---|---|
| Huiĉt, | 10 d. |
| Neuf, | 11 d. p. |
| Dix, | 1 ſ.....ob. |
| Onze, | 1 ſ. 1 d. ob. p. |
| Douze, | 1 ſ. 3 d. ſemip. |
| Treize, | 1 ſ. 4 d. p. |
| Quatorze, | 1 ſ. 5 d. ob. |
| Quinze, | 1 ſ. 6 d. ob. p. |
| Seize, | 1 ſ. 8 d. |
| Dix ſept, | 1 ſ. 9 d. p. |
| Dix huiĉt, | 1 ſ. 10 d. ob. |
| Dix neuf, | 1 ſ. 11 d. ob. p. |
| Vingt, | 2 ſ. 1 d. ſemip. |
| Vingt vn, | 2 ſ. 2 d. p. ſemip. |
| Vingt deux, | 2 ſ. 3 d ob. ſemip. |
| Vingt trois, | 2 ſ. 4 d. ob p. ſemip. |
| L e DENIER, | 2 ſ. 6 d. ſemip. $\frac{2}{2}$ de p. |
| Le demy Gros, | 3 ſ. 9 d. ob. ſem. $\frac{3}{4}$ de p. |
| L e GROS, | 7 ſ. 7 d. p. ſemip. $\frac{1}{8}$ de p. |
| Deux, | 15 ſ. 2 d. ob. p |
| Trois, | 1 l. 2 ſ. 10 d. ſemip. |
| Quatre, | 1 l. 10 ſ. 5 d. ob. ſemip. |
| Cinq, | 1 l. 18 ſ. 1 d. |
| Six, | 2 l. 5 ſ. 8 d. p. ſemip. |
| Sept, | 2 l. 13 ſ. 3 d. ob. p. |
| L'ONCE, | 3 l. ...... 11 d. p. |
| Deux, | 6 l. 1 ſ. 10 d. ob. |
| Trois, | 9 l. 2 ſ. 9 d. ob. p. |
| Quatre, | 12 l. 3 ſ. o d. |
| Cinq, | 15 l. 4 ſ. 8 d. p. |
| Six, | 18 l. 5 ſ. 7 d. ob. |

C iij

| | |
|---|---|
| Sept, | 21 l. 6 ſ. 6 d. ob p. |
| L ᴇ M A R C, | 24 l. 7 ſ. 6 d. |
| Deux, | 48 l. 15 ſ. |
| Trois, | 73 l. 2 ſ. 6 d. |
| Quatre, | 97 l. 10 ſ. |
| Cinq, | 121 l. 17 ſ. 6 d. |
| Six, | 146 l. 5 ſ. |
| Sept, | 170 l. 12 ſ. 6 d. |
| Huiꝗ, | 195 l. |
| Neuf, | 219 l. 7 ſ. 6 d. |
| Dix, | 243 l. 15 ſ. |
| Vingt, | 487 l. 10. ſ. |
| Trente, | 731 l. 5 ſ. |
| Quarante, | 975 l. |
| Cinquante, | 1218 l. 15 ſ. |
| Cent, | 2437 l. 10 ſ. |

---

## Ducatons d'Auignon.

| | |
|---|---|
| L E G R A I N, | 1 d. p. $\frac{13}{314}$ de pite. |
| Deux Grains, | 2 d. ob. |
| Trois | 3 d. ob. p. |
| Quatre, | 5 d. |
| Cinq, | 6 d. p. |
| Six, | 7 d. ob. ſemip. |
| Sept, | 8 d. ob. p. ſemip. |
| Huiꝗ, | 10. d. ſemip. |
| Neuf, | 11 d. p. ſemip. |
| Dix , | 1 ſ. ..... ob. ſemip. |
| Onze, | 1 ſ. 1 d. ob. p. ſemip. |

| | |
|---|---|
| Douze, | 1 ſ. 3 d. p. |
| Treize, | 1 ſ. 4 d. ob. |
| Quatorze, | 1 ſ. 5 d. ob. p. |
| Quinze, | 1 ſ. 7 d. |
| Seize, | 1 ſ. 8 d. p. |
| Dix ſept, | 1 ſ. 9 d. ob. |
| Dix huict, | 1 ſ. 10 d. ob. p. ſemip. |
| Dix neuf, | 2 ſ. .... .. ſemip. |
| Vingt, | 2 ſ. 1 d. p. ſemip. |
| Vingt vn, | 2 ſ. 2 d. ob. ſemip. |
| Vingt deux, | 2 ſ. 3 d. ob. p. ſemip. |
| Vingt trois, | 2 ſ. 5 d. ſemip. |
| LE DENIER, | 2 ſ. 6 d. ob. $\frac{1}{16}$ de p. |
| Le demy Gros, | 3 ſ. 9 d. ob. p. $\frac{9}{95}$ de p. |
| LE GROS, | 7 ſ. 7 d. ob. $\frac{5}{48}$ de p. |
| Deux, | 15 ſ. 3 d. |
| Trois, | 1 l. 2 ſ. 10 d. ob. ſem. |
| Quatre, | 1 l. 10 ſ. 6 d. ſemip. |
| Cinq, | 1 l. 18 ſ. 1 d. ob. ſem. |
| Six, | 2 l. 5 ſ. 9 d. p. |
| Sept, | 2 l. 13 ſ. 4 d. ob. p. |
| L'ONCE, | 3 l. 1 ſ. p. ſemip. |
| Deux, | 6 l. 2 ſ. ob. p. |
| Trois, | 9 l. 3 ſ. 1 d. ſemip. |
| Quatre, | 12 l. 4 ſ. 1 d. ob. |
| Cinq, | 15 l. 5 ſ. 1 d. ob. p. ſem. |
| Six, | 18 l. 6 ſ. 2 d. p. |
| Sept, | 21 l. 7 ſ. 2 d. ob ſem. |
| LE MARC, | 24 l. 8 ſ. 3 d. |
| Deux, | 48 l. 16 ſ. 6 d. |
| Trois, | 73 l. 4 ſ. 9 d. |

| | |
|---|---|
| Quatre, | 97 l. 13 f. |
| Cinq, | 122 l. 1 f. 3 d. |
| Six, | 146 l. 9 f. 6 d. |
| Sept, | 170 l. 17 f. 9 d. |
| Huict, | 195 l. 6 f. |
| Neuf, | 219 l. 14 f. 3 d. |
| Dix, | 244 l. 2 f. 6 d. |
| Vingt, | 488 l. 5 f. |
| Trente, | 732 l. 7 f. 6 d. |
| Quarante, | 976 l. 10 f. |
| Cinquante, | 1220 l. 12 f. 6 d. |
| Cent, | 2441 l. 5 f. |

---

## Philippes-dalles de Flandres.

| | |
|---|---|
| LE GRAIN, | 1 d. $\frac{80}{192}$ de p. |
| Deux Grains, | 2 d. femip. |
| Trois, | 3 d. p. |
| Quatre, | 4 d p. femip. |
| Cinq, | 5 d. ob. |
| Six, | 6 d. ob. femip. |
| Sept, | 7 d. ob. p. |
| Huict, | 8 d. ob. p. femip. |
| Neuf, | 10 d. |
| Dix, | 11 d. femip. |
| Onze, | 1 f. p. |
| Douze, | 1 f. 1 d. p. femip. $\frac{1}{16}$ de p. |
| Treize, | 1 f. 2 d. ob. |
| Quatorze, | 1 f. 3 d. ob. |

Quinze,

| | |
|---|---|
| Quinze, | 1 f. 4 d. ob. femip. |
| Seize, | 1 f. 5 d. ob. p. |
| Dix fept, | 1 f. 6 d. ob. p. femip. |
| Dix huict, | 1 f. 8 d. |
| Dix neuf, | 1 f. 9 d. femip. |
| Vingt, | 1 f. 10 d. p. |
| Vingt vn, | 1 f. 11 d. p. femip. |
| Vingt deux, | 2 f. ..... ob. |
| Vingt trois, | 2 f. 1 d. ob. femip. |
| Le DENIER, | 2 f. 2. d ob. p. $\frac{1}{8}$ de p. |
| Le demy-Gros, | 3 f. 4 d. femip. $\frac{9}{48}$ de p. |
| Le GROS, | 6 f. 8 d. p. $\frac{9}{24}$ de p. |
| Deux, | 13 f. 4 d. ob femip. |
| Trois, | 1 l. ...... 1 d. |
| Quatre, | 1 l. 6 f. 9 d. p. femip. |
| Cinq, | 1 l. 13 f. 5 d. ob. femip. |
| Six, | 2 l. 2 f. |
| Sept, | 2 l. 6 f. 10 d. p. femip. |
| L'ONCE, | 2 l. 13 f. 6 d. ob. p. |
| Deux, | 5 l. 7 f. 1 d. ob. |
| Trois, | 8 l. ..... 8 d. p. |
| Quatre, | 10 l. 14 f. 3 d. |
| Cinq, | 13 l. 7 f. 9 d. ob. p. |
| Six, | 16 l. 1 f. 4 d. ob. |
| Sept, | 18 l. 14 f. 11 d. p. |
| Le MARC, | 21 l. 8 f. 6 d. |
| Deux, | 42 l. 17 f. |
| Trois, | 64 l. 5 f. 6 d. |
| quatre, | 85 l. 14 f. |
| Cinq, | 107 l. 2 f. 6 d. |
| Six, | 128 l. 11 f. |

| | |
|---|---|
| Sept, | 149 l. 19 f. 6 d. |
| Huict, | 171 l. 8 f. |
| Neuf, | 192 l. 16 f. 6 d. |
| Dix , | 214 l. 5 f. |
| Vingt , | 428 l. 10 f. |
| Trente , | 642 l. 15 f. |
| Quarante, | 857 l. |
| Cinquante, | 1071 l. 5 f |
| Cent , | 2142 l. 10 f. |

## *Patagons de Flandres.*

| | |
|---|---|
| LE GRAIN , | 1 denier , femipite. |
| Deux Grains , | 2 d. p. |
| Trois | 3 d. p. femip. |
| Quatre, | 4 d. ob. |
| Cinq, | 5 d. ob. femip. |
| Six, | 6 d. ob. p. |
| Sept, | 7 d. ob. p. femip. |
| Huict, | 9 d. |
| Neuf, | 10 d. femip. |
| Dix, | 11 d. p. |
| Onze, | 1 f. ...... p. femip. |
| Douze, | 1 f. 1 d. ob. |
| Treize, | 1 f. 2 d. ob. femip. |
| Quatorze, | 1 f. 3 d. ob. p. |
| Quinze, | 1 f. 4 d. ob. p. femip. |
| Seize, | 1 f. 6 d. |
| Dix fept, | 1 f. 7 d. femip. |

| | |
|---|---|
| Dix huict, | 1 ſ. 8 d. p. |
| Dix neuf, | 1 ſ. 9 d. p. ſemip. |
| Vingt, | 1 ſ. 10 d. ob. |
| Vingt vn, | 1 ſ. 11 d. ob. ſemip. |
| Vingt deux, | 2 ſ. ob. p. |
| Vingt trois, | 2 ſ. 1 d. ob. p. ſemip. |
| Lᴇ DENIER, | 2 ſ. 3 d. |
| Le demy Gros, | 3 ſ. 4 d. ob. |
| Lᴇ GROS, | 6 ſ. 9 d. |
| Deux, | 13 ſ. 6 d. |
| Trois, | 1 l......3 d. |
| Quatre, | 1 l. 7 ſ. |
| Cinq, | 1 l. 13 ſ. 9 d. |
| Six, | 2 l......6 d. |
| Sept, | 2 l. 7 ſ. 3 d. |
| L'ONCE, | 2 l. 14 ſ. |
| Deux, | 5 l 8 ſ. |
| Trois, | 8 l. 2 ſ. |
| Quatre, | 10 l. 16 ſ. |
| Cinq, | 13 l. 10 ſ. |
| Six, | 16 l. 4 ſ. |
| Sept, | 18 l. 18 ſ. |
| Lᴇ MARC, | 21 l. 12 ſ. |
| Deux, | 43 l. 4 ſ. |
| Trois, | 64 l. 16 ſ. |
| Quatre, | 86 l. 8 ſ. |
| Cinq, | 108 l. |
| Six, | 129 l. 12 ſ. |
| Sept, | 151 l. 4 ſ. |
| Huict, | 172 l. 16 ſ. |
| Neuf, | 194 l. 8 ſ. |

| | |
|---|---|
| Dix, | 216 l. |
| Vingt, | 232 l. |
| Trente, | 648 l. |
| Quarante, | 864 l. |
| Cinquante, | 1080 l. |
| Cent, | 2160 l. |

---

## Pieces des Prouinces vnies, Dalles au Lyon.

| | |
|---|---|
| LE GRAIN, | ob. p. femip. $\frac{1}{16}$ de p. |
| Deux Grains, | 1 d. ob. p. |
| Trois, | 2 d. ob. femip. |
| Quatre, | 3 d. ob. |
| Cinq, | 4 d. p. femip. |
| Six, | 5 d. p. |
| Sept, | 6 d. femip. |
| Huiƈt, | 7 d. femip. |
| Neuf, | 8 d. |
| Dix, | 8 d. ob. p. femip. |
| Onze, | 9 d. ob. p. |
| Douze, | 10 d. ob. fem. $\frac{1}{4}$ de p. |
| Treize, | 11 d. ob. |
| Quatorze, | 1 f. ..... p. femip. |
| Quinze, | 1 f. 1 d. p. |
| Seize, | 1 f. 2 d. p. |
| Dixfept, | 1 f. 3 d. femip. |
| Dixhuiƈt, | 1 f. 4 d. |
| Dixneuf, | 1 f. 4 d. ob. p. femip. |

| | |
|---|---|
| Vingt, | 1 ſ. 5 d. ob. p. |
| Vingt vn, | 1 ſ. 6 d. ob. ſemip. |
| Vingt deux, | 1 ſ. 7 d. ob. |
| Vingt trois, | 1 ſ. 8 d. p. ſemip. |
| Le DENIER, | 1 ſ. 9 d. p. ſemip. |
| Le demy Gros, | 2 ſ. 8 d. ¼ de p. |
| Le GROS, | 5 ſ. 4 d. ſemip. |
| Deux, | 10 ſ. 8 d. p. |
| Trois, | 16 ſ. ..... p. ſemip. |
| Quatre, | 1 l. 1 ſ. 4 d. ob. |
| Cinq, | 1 l. 6 ſ. 8 d ob. ſemip. |
| Six, | 1 l. 12 ſ. ob. p. |
| Sept, | 1 l. 17 ſ. 4 d. ob. p. ſem. |
| L'ONCE, | 2 l. 2 ſ. 9 d. |
| Deux, | 4 l. 5 ſ. 6 d. |
| Trois, | 6 l. 8 ſ. 3 d. |
| Quatre, | 8 l. 11 ſ. |
| Cinq, | 10 l. 13 ſ. 9 d. |
| Six, | 12 l. 16 ſ. 6 d. |
| Sept, | 14 l. 19 ſ. 3 d. |
| Le MARC, | 17 l. 2 ſ. |
| Deux, | 34 l. 4 ſ. |
| Trois, | 51 l. 6 ſ. |
| Quatre, | 68 l. 8 ſ. |
| Cinq, | 85 l. 10 ſ. |
| Six, | 102 l. 12 ſ. |
| Sept, | 119 l. 14 ſ. |
| Huict, | 136 l. 16 ſ. |
| Neuf, | 153 l. 18 ſ. |
| Dix, | 171 l. |
| Vingt, | 342 l. |

| | |
|---|---|
| Trente, | 513 l. |
| Quarante, | 684 l. |
| Cinquante, | 855 l. |
| Cent, | 1710 l. |

## *Pieces de Zelande à l'Aigle.*

| | |
|---|---|
| LE GRAIN, | ob. p. fem. $\frac{8}{192}$ de p. |
| Deux Grains, | 1 d. ob. p. femip. |
| Trois, | 2 d. ob. p. |
| Quatre, | 3 d. ob. p. |
| Cinq, | 4 d. ob. p. |
| Six, | 5 d. ob. femip. |
| Sept, | 6 d. ob. femip. |
| Huict, | 7 d. ob. femip. |
| Neuf, | 8 d. ob. |
| Dix, | 9 d. ob. |
| Onze, | 10 d ob. |
| Douze, | 11 d. p. femip. |
| Treize, | 1 f. ..... p. femip. |
| Quatorze, | 1 f. 1 d. p. femip. |
| Quinze, | 1 f. 2 d. p. |
| Seize, | 1 f. 3 d. p. |
| Dix fept, | 1 f. 4 d. p |
| Dix huict, | 1 f. 5 d. femip. |
| Dix neuf, | 1 f. 6 d. femip. |
| Vingt, | 1 f. 7 d. femip. |
| Vingt vn, | 1 f. 8 d. |
| Vingt deux, | 1 f. 9 d. |
| Vingt trois, | 1 f. 10 d. |

| | |
|---|---|
| Lᴇ DENIER, | 1ſ.10d.ob.p.ſ. $\frac{9}{24}$ dep. |
| Le demy Gros, | 2ſ.10d.p.ſem. $\frac{15}{48}$ dep. |
| Lᴇ GROS, | 5 ſ.8 d.o.p.ſ. $\frac{1}{8}$ dep. |
| Deux, | 11ſ. 5 d. ob. p. |
| Trois, | 17 ſ. 2 d. ob. ſemip. |
| quatre, | 1l.2 ſ.11 d.ob. ſemip. |
| Cinq, | 1 l. 8 ſ. 8 d. ob. |
| Six, | 1 l.14 ſ.5 d. p. ſem. |
| Sept, | 2 l......2 d. p. |
| L'ONCE, | 2 l. 5 ſ.11 d. p. |
| Deux, | 4 l. 11 ſ.10 d. ob. |
| Trois, | 6 l.17 ſ. 9 d. ob p. |
| Quatre, | 9 l. 3 ſ. 9 d. |
| Cinq, | 11 l. 9 ſ. 8 d. p. |
| Six, | 13 l. 15 ſ. 7 d. ob. |
| Sept, | 16 l. 1ſ. 6 d. ob. p. |
| Lᴇ MARC, | 18 l. 7 ſ. 6 d. |
| Deux, | 36 l.15 ſ. |
| Trois, | 55 l. 2 ſ. 6 d. |
| Quatre, | 73 l. 10 ſ. |
| Cinq, | 91 l.17 ſ. 6 d. |
| Six, | 110 l. 5 ſ. |
| Sept, | 128 l. 12 ſ. 6 d. |
| Hui&ct;, | 147 l. |
| Neuf, | 165 l. 7 ſ. 6 d. |
| Dix, | 183 l. 15 ſ. |
| Vingt, | 367 l. 10 ſ. |
| Trente, | 551 l. 5 ſ. |
| Quarante, | 735 l. |
| Cinquante | 918 l. 15 ſ. |
| Cent, | 1837 l. 10 ſ. |

## *Pieces de Frize dites Gros-Bonnet.*

LE GRAIN,      1 d $\frac{5}{24}$ de p.
Deux Grains,     2 d.
Trois,          3 d. femip.
Quatre,          4 d. femip.
Cinq,           5 d. p.
Six,            6 d. p.
Sept,           7 d. p.
Huict,          8 d. p. femip.
Neuf,           9 d. p. femip.
Dix,            10 d. ob.
Onze,           11 d. ob.
Douze,          1 f. .... ob. femip.
Treize,         1 f. 1 d. ob. femip.
Quatorze,       1 f. 2 d. ob. femip.
Quinze,         1 f. 3 d. ob. p.
Seize,          1 f. 4 d. ob. p.
Dix fept,       1 f 5 d. ob. p. femip.
Dix huict,      1 f. 6 d. ob. p. femip.
Dix neuf,       1 f. 7 d. ob. p. femip.
Vingt,          1 f. 9 d.
Vingt vn,       1 f. 10 d.
Vingt deux,     1 f. 11 d. femip.
Vingt rois,     2 f. ..... femip.
Le DENIER,      2 f. 1 d. p.
Le Demy Gros,   3 f. 1 d. ob. p. femip.
Le GROS,        6 f. 3 d. ob. p.
Deux,           12 f. 7 d. ob.
Trois,          18 f. 11 d. p.

| | |
|---|---|
| Quatre, | 1 l. 5 f. 3 d. |
| Cinq, | 1 l. 11 f. 6 d. ob. p. |
| Six, | 1 l. 17 f. 10 d. ob. |
| Sept, | 2 l 4 f. 2 d. p. |
| L'ONCE, | 2 l. 10 f. 6 d. |
| Deux, | 5 l. 1 f. |
| Trois, | 7 l. 11 f. 6 d. |
| quatre, | 10 l. 2 f. |
| Cinq, | 12 l. 12 f. 6 d. |
| Six, | 15 l. 3 f. |
| Sept, | 17 l 13 f. 6 d. |
| Le MARC, | 20 l. 4 f. |
| Deux, | 40 l. 8 f. |
| Trois, | 60 l. 12 f. |
| Quatre, | 80 l. 16 f. |
| Cinq, | 101 l. |
| Six, | 121 l. 4 f. |
| Sept, | 141 l. 8 f. |
| Huict, | 161 l. 12 f. |
| Neuf, | 181 l. 16 f. |
| Dix, | 202 l. |
| Vingt, | 404 l. |
| Trente, | 606 l. |
| Quarante, | 808 l. |
| Cinquante, | 1010 l. |
| Cent, | 2020 l. |

---

*Pieces de Liege non contrefaites.*

| | |
|---|---|
| LE GRAIN, | ob. p. femip. $\frac{33}{48}$ de p. |
| Deux Grains, | 1 d. ob p. femip. |

| | |
|---|---|
| Trois, | 2 d. ob. p. femip. |
| Quatre, | 3 d. ob. p. femip. |
| Cinq, | 4 d. ob. p. femip. |
| Six, | 5 d. ob. p. femip. |
| Sept, | 6 d. ob. p. femip. |
| Huict, | 7 d. ob. p. femip. |
| Neuf, | 8 d. ob. p. |
| Dix, | 9 d. ob. p. |
| Onze, | 10 d. ob. p. |
| Douze, | 11 d. ob. p. |
| Treize, | 1 f. ob. p. |
| Quatorze, | 1 f. 1 d. ob. p. |
| Quinze, | 1 f. 2 d. ob. p. |
| Seize, | 1 f. 3 d. ob. p. |
| Dix fept, | 1 f. 4 d. ob. femip. |
| Dix huict, | 1 f. 5 d. ob. femip. |
| Dix neuf, | 1 f. 6 d. ob. femip. |
| Vingt, | 1 f. 7 d. ob. femip. |
| Vingt vn, | 1 f. 8 d. ob. femip. |
| Vingt deux, | 1 f. 9 d. ob. femip. |
| Vingt trois, | 1 f. 10 d. ob. femip. |
| Le DENIER, | 1 f. 11. d. ob. femip. |
| Le demy Gros, | 2 f. 11 d. p. $\frac{3}{4}$ de p. |
| Le GROS, | 5 f. 10 d. ob. p. femip. |
| Deux, | 11 f. 9 d. ob. p. |
| Trois, | 17 f. 10 d. ob. femip. |
| Quatre, | 1 l. 3 f. 7 d. ob. |
| Cinq, | 1 l. 9 f. 6 d. p. femip. |
| Six, | 1 l. 15 f. 5 d. p. |
| Sept, | 2 l. 1 f. 4 d. femip. |
| L'ONCE, | 2 l. 7 f. 3. |

| | |
|---|---|
| Deux, | 4 l. 14 f. 6 d. |
| Trois, | 7 l. 1 f. 9 d. |
| Quatre, | 9 l. 9 f. |
| Cinq, | 11 l. 16 f. 3 d. |
| Six | 14 l. 3 f. 6 d. |
| Sept, | 16 l. 10 f. 9 d. |
| Le MARC, | 8 l, 18 f. |
| Deux, | 37 l. 16 f. |
| Trois, | 56 l. 14 f. |
| Quatre', | 75 l. 12 f. |
| Cinq, | 94 l. 10 f. |
| Six, | 113 l. 8 f. |
| Sept, | 132 l. 6 f. |
| Huict, | 151 l. 4 f. |
| Neuf, | 170 l. 2 f. |
| Dix, | 189 l. |
| Vingt, | 378 l. |
| Trente, | 567 l. |
| Quarante, | 756 l. |
| Cinquante, | 945 l. |
| Cent, | 1890 l. |

## *Dalles de l'Empire.*

| | |
|---|---|
| LE GRAIN, | 1 d. femip. $\frac{87}{384}$ de p. |
| Deux grains, | 2 d. p. |
| Trois, | 3 d. ob. |
| Quatre, | 4 d. ob. femip. |
| Cinq, | 5 d. ob. p. femip. |

E ij

| | |
|---|---|
| Six, | 7 d. |
| Sept, | 8 d. p. |
| Huict | 9 d. p. ſemip. |
| Neuf, | 10 d. ob. ſemip. |
| Dix, | 11 d. ob. p. |
| Onze, | 1 ſ. ..... ob. p. ſemip. |
| Douze, | 1 ſ. 2 d. ſemip. $\frac{1}{96}$ de p. |
| Treize, | 1 ſ. 3 d. p. |
| Quatorze, | 1 ſ. 4 d. ob. |
| Quinze, | 1 ſ. 5 d. ob. ſemip. |
| Seize, | 1 ſ. 6 d. ob. p. ſemip. |
| Dix ſept, | 1 ſ. 8 d. |
| Dix huict, | 1 ſ. 9 d. p. |
| Dix neuf, | 1 ſ. 10 d. p. ſemip. |
| Vingt, | 1 ſ. 11 d. ob. ſemip. |
| Vingt vn, | 2 ſ. ob. p. |
| Vingt deux, | 2 ſ. 1 d. ob. p. ſemip. |
| Vingt trois, | 2 ſ. 3 d. ſemip. |
| Le DENIER, | 2 ſ. 4 d. p. $\frac{1}{48}$ de p. |
| Le demy Gros, | 3 ſ. 6 d. ob. $\frac{15}{96}$ de p. |
| Le GROS, | 7 ſ. 1 d. $\frac{15}{48}$ de p. |
| Deux, | 14 ſ. 2 d. ſemip. |
| Trois, | 1 l. 1 ſ. 3 d. ſemip. |
| quatre, | 1 l. 8 ſ. 4 d. p. |
| Cinq, | 1 l. 15 ſ. 5 d. p. ſemip. |
| Six, | 2 l. 2 ſ. 6 d. p. ſemip. |
| Sept, | 2 l. 9 ſ. 7 d. ob. |
| L'ONCE, | 2 l. 16 ſ. 8 d. ob. ſemip. |
| Deux, | 5 l. 13 ſ. 5 d. p. |
| Trois, | 8 l. 10 ſ. 1 d. ob. p. ſemip. |
| quatre, | 11 l. 6 ſ. 10 d. ob. |

| | |
|---|---|
| Cinq, | 14 l. 3 ſ. 7 d. ſemip. |
| Six, | 17 l. ..... 3 d. ob. p. |
| Sept, | 19 l. 17 ſ. ..... p. ſemip. |
| LE MARC, | 22 l. 13 ſ. 9 d. |
| Deux, | 45 l. 7 ſ. 6 d. |
| Trois, | 68 l. 1 ſ. 3 d. |
| Quatre, | 90 l. 15 ſ. |
| Cinq, | 113 l. 8 ſ. 9 d. |
| Six, | 136 l. 2 ſ. 6 d. |
| Sept, | 158 l. 16 ſ. 3 d. |
| Huiĉt, | 181 l. 10 ſ. |
| Neuf, | 204 l. 3 ſ. 9 d. |
| Dix, | 226 l. 17 ſ. 6 d. |
| Vingt, | 453 l. 15 ſ. |
| Trente, | 680 l. 12 ſ. 6 d. |
| Quarante, | 907 l. 10 ſ. |
| Cinquante, | 1134 l. 7 ſ. 6 d. |
| Cent, | 2268 l. 15 ſ. |

---

## Teſtons d'Orange.

| | |
|---|---|
| LE GRAIN, | 1 d. $\frac{99}{374}$ de p. |
| Deux Grains, | 2 d. ſemip. |
| Trois, | 3 d. ſemip. |
| Quatre, | 4 d. p. |
| Cinq, | 5 d. p. |
| Six, | 6 d. p. ſemip. |
| Sept, | 7 d. p. ſemip. |
| Huiĉt, | 8 d. ob. |
| Neuf, | 9 d. ob. |

| | |
|---|---|
| 38 | |
| Dix, | 10 d. ob. ſemip. |
| Onze | 11 d. ob. ſemip. |
| Douze, | 1 ſ. ..... ob. p. $\frac{9}{96}$ de p. |
| Treize, | 1 ſ. 2 d. ob. p. |
| Quatorze, | 1 ſ. 2 d. ob. p. ſemip. |
| Quinze, | 1 ſ. 3 d. ob. p. ſemip. |
| Seize, | 1 ſ. 5 d. |
| Dix ſept, | 1 ſ. 6 d. |
| Dix huict, | 1 ſ. 7 d. ſemip. |
| Dix neuf, | 1 ſ. 8 d. ſemip. |
| Vingt, | 1 ſ. 9 d. p. |
| Vingt vn, | 1 ſ. 10 d. p. |
| Vingt deux, | 1 ſ. 11 d. p. ſemip. |
| Vingt trois, | 2 ſ. ...... p. ſemip. |
| LE DENIER, | 2 ſ. 1 d. ob. $\frac{9}{48}$ de p. |
| Le demy Gros, | 3 ſ. 2 d. $\frac{27}{96}$ de p. |
| LE GROS, | 6 ſ. 4 d. ob. ſe. $\frac{91}{1}$ de p. |
| Deux, | 12 ſ. 9 d. p. |
| Trois, | 19 ſ. 1 d. ob. p. ſem. |
| quatre, | 1 l. 5 ſ. 6 d. ob. |
| Cinq, | 1 l. 11 ſ. 11 d. ſemip. |
| Six, | 1 l. 18 ſ. 3 d. ob. p. |
| Sept, | 2 l. 4 ſ. 8 d. p. ſemip. |
| L'ONCE, | 2 l. 11 ſ. 1 d. ſemip. |
| Deux, | 5 l. 2 ſ. 2 d. p. |
| Trois, | 7 l. 13 ſ. 3 d. p. ſemip. |
| quatre, | 10 l. 4 ſ. 4 d. ob. |
| Cinq, | 12 l. 15 ſ. 5 d. ob. ſemip. |
| Six, | 15 l. 6 ſ. 6 d ob. p. |
| Sept, | 17 l. 17 ſ. 7 d. ob. p. ſem. |
| Le MARC, | 20 l. 8 ſ. 9 d. |

| | |
|---|---|
| Deux, | 40 l. 17 f. |
| Trois, | 61 l. 6 f. 3 d. |
| Quatre, | 81 l. 15 f. |
| Cinq, | 102 l. 3 f. 9 d. |
| Six, | 122 l. 12 f. 6 d. |
| Sept, | 143 l. 1 f. 3 d. |
| Huict, | 163 l. 10 f. |
| Neuf, | 183 l. 18 f. 9 d. |
| Dix, | 204 l. 7 f. 6 d. |
| Vingt, | 408 l. 15 f. |
| Trente, | 613 l. 2 f. 6 d. |
| Quarante, | 817 l. 10 f. |
| Cinquante, | 1021 l. 17 f. 6 d. |
| Cent, | 2043 l. 15 f. |

---

## Teſtons d'Antoine & Charles de Lorraine.

| | |
|---|---|
| LE GRAIN, | 1 d. femip. $\frac{3}{16}$ de pite. |
| Deux Grains, | 2 d. pite. |
| Trois, | 3 d. ob. |
| Quatre, | 4 d. ob. femip. |
| Cinq, | 5 d. ob. p. |
| Six, | 7 d. |
| Sept, | 8 d. femip. |
| Huit, | 9 d. p. femip. |
| Neuf, | 10 d. ob. |
| Dix, | 11 d. ob. femip. |
| Onze | 1...... ob. p. femip. |

| | |
|---|---|
| Douze, | 1 ſ. 2 d. ¼ de pite. |
| Treize, | 1 ſ. 3 d. ſemip. |
| Quatorze, | 1 ſ. 4 d. p. ſemip. |
| Quinze, | 1 ſ. 5 d. ob. |
| Seize, | 1 ſ. 6 d. ob. p. |
| Dix ſept, | 1 ſ. 7 d ob. p. ſemip. |
| Dix huiƈt, | 1 ſ. 9 d. |
| Dix neuf, | 1 ſ. 10 d. p. |
| Vingt, | 1 ſ. 11 d. p. ſemip. |
| Vingt vn, | 2 ſ ..... ob. |
| Vingt deux, | 2 ſ. 1 d. ob. p. |
| Vingt trois, | 2 ſ. 2 d. ob. p. ſemip. |
| Lᴇ DENIER, | 2 ſ. 4 d. ſemip. |
| Le demy Gros, | 3 ſ. 6 d. ¾ de p. |
| Lᴇ GROS, | 7 ſ ..... p. ſemip. |
| Deux, | 14 ſ ...... ob. p. |
| Trois, | 1 ſ. 1 d. ſemip. |
| Quatre, | 1 l. 8 ſ. 1 d. ob. |
| Cinq, | 1 l. 15 ſ. 1 d. ob. p. ſemip. |
| Six, | 2 l. 2 ſ. 2 d. p. |
| Sept, | 2 l. 9 ſ. 2 d. ob. ſemip. |
| L'ONCE, | 2 l. 16 ſ. 3 d. |
| Deux, | 5 l. 12 ſ. 6 d. |
| Trois, | 8 l. 8 ſ 9 dͤ. |
| Quatre, | 11 l. 5 ſ. |
| Cinq, | 14 l. 1 ſ. 3 d. |
| Six, | 16 l. 17 ſ. 6 d. |
| Sept, | 19 l. 13 ſ. 9 d. |
| Lᴇ MARC, | 22 l. 10 ſ. |
| Deux, | 45 l. |
| Trois, | 67 l. 10 ſ. |

quatre,

| | |
|---|---|
| Quatre, | 90 l. |
| Cinq, | 112 l. 10 f. |
| Six, | 135 l. |
| Sept, | 157 l. 10 f. |
| Huiĉt, | 180 l. |
| Neuf, | 202 l. 10 f. |
| Dix, | 225 l. |
| Vingt, | 450 l. |
| Trente, | 675 l. |
| Quarante, | 900 l. |
| Cinquante, | 1125 l. |
| Cent, | 2250 l. |

## Teſtons d'Henry & Charles de Lorraine, & ceux de Metz.

LE GRAIN, obole, p. ſemip. $\frac{11}{24}$ de p.

| | |
|---|---|
| Deux Grains, | 1 d. ob. p. ſemip. |
| Trois, | 2 d. ob. p. ſemip. |
| Quatre, | 3 d. ob. p. ſemip. |
| Cinq, | 4 d. ob. p. ſemip. |
| Six, | 5 d. ob. p. ſemip. |
| Sept, | 6 d. ob. p. ſemip. |
| Huiĉt, | 7 d. ob. p. ſemip. |
| Neuf, | 8 d. ob. p. ſemip. |
| Dix, | 9 d. ob. p. ſemip. |
| Onze, | 10 d. ob. p. ſemip. |
| Douze, | 11 d. ob. p. ſemip. |
| Treize, | 1 f. ...... ob. p. |
| Quatorze, | 1 f. 1 d. ob. p. |

| | |
|---|---|
| Quinze, | 1 ſ. 2 d. ob. p |
| Seize, | 1 ſ. 3 d. ob. p. |
| Dix ſept, | 1 ſ. 4 d. ob. p. |
| Dix huict, | 1 ſ. 5 d. ob. p. |
| Dix neuf, | 1 ſ. 6 d. ob. p. |
| Vingt, | 1 ſ. 7 d. ob. p. |
| Vingt vn, | 1 ſ. 8 d. ob. p. |
| Vingt deux, | 1 ſ. 9 d. ob. p. |
| Vingt trois, | 1 ſ. 10 d. ob. p. |
| Lᴇ DENIER, | 1 ſ. 11 d. ob. p. |
| Le demy Gros, | 2 ſ. 11 d. ob. ſemip. |
| Lᴇ GROS, | 5 ſ. 11 d. p. |
| Deux, | 11 ſ. 10 d. ob. |
| Trois, | 1 ſ. 9 d. ob. p. |
| Quatre, | 1 l. 3 ſ. 9 d. |
| Cinq, | 1 l. 9 ſ. 8 d. p. |
| Six, | 1 l. 15 ſ. 7 d. ob. |
| Sept, | 2 l. 1 ſ. 6 d. ob. p. |
| L'ONCE, | 2 l. 7 ſ. 6 d. |
| Deux, | 4 l. 15 ſ. |
| Trois, | 7 l. 2 ſ. 6 d. |
| Quatre, | 9 l. 10 ſ. |
| Cinq, | 11 l. 17 ſ. 6 d. |
| Six, | 14 l. 5 ſ. |
| Sept, | 16 l. 12 ſ. 6 d. |
| Lᴇ MARC, | 19 l. |
| Deux, | 38 l. |
| Trois, | 57 l. |
| Quatre, | 76 l. |
| Cinq, | 95 l. |
| Six, | 114 l. |

| Sept,      | 133 l.  |
| Huiȼt,     | 152 l.  |
| Neuf,      | 171 l.  |
| Dix,       | 190 l.  |
| Vingt,     | 380 l.  |
| Trente,    | 570 l.  |
| Quarante,  | 760 l.  |
| Cinquante, | 950 l.  |
| Cent,      | 1900 l. |

---

## Teſtons au moulin de Lorraine.

| LE GRAIN,  | 1 d. $\frac{3}{384}$ de p. |
| Deux,      | 2 d.  |
| Trois,     | 3 d.  |
| Quatre,    | 4 d.  |
| Cinq,      | 5 d.  |
| Six,       | 6 d.  |
| Sept,      | 7 d.  |
| Huiȼt,     | 8 d.  |
| Neuf,      | 9 d.  |
| Dix,       | 10 d. |
| Onze,      | 11 d. |
| Douze,     | 1 ſ. ...... $\frac{9}{36}$ de p. |
| Treize,    | 1 ſ. 1 d. |
| Quatorze,  | 1 ſ. 2 d. |
| Quinze,    | 1 ſ. 3 d. |
| Seize,     | 1 ſ. 4 d. |
| Dix ſept,  | 1 ſ. 5 d. |
| Dix huiȼt, | 1 ſ. 6 d. |

F ij

| | |
|---|---|
| Dix neuf, | 1ſ. 7d. |
| Vingt, | 1ſ. 8d. |
| Vingt vn, | 1ſ. 9d. |
| Vingt deux, | 1ſ. 10d. |
| Vingt trois, | 1ſ. 11d. |
| LE DENIER, | 2ſ...... $\frac{1}{16}$ de p. |
| Le demy Gros, | 3ſ..... $\frac{27}{96}$ de p. |
| LE GROS, | 6ſ. .... femip. $\frac{1}{16}$ de p. |
| Deux, | 12ſ...... pite $\frac{1}{8}$ de p. |
| Trois, | 18ſ......p.fem. $\frac{1}{16}$ dep. |
| Quatre, | 1l. 4ſ. ..... ob. $\frac{1}{4}$ de p. |
| Cinq, | 1l.10ſ...ob.fem. $\frac{5}{16}$ dep. |
| Six, | 1l.16ſ....ob.p. $\frac{3}{8}$ de p. |
| Sept, | 2l.2ſ...o.p.fem. $\frac{7}{16}$ de p. |
| L'ONCE, | 2l. 8ſ.1d. femip. |
| Deux, | 4l. 16ſ. 2d. p. |
| Trois, | 7l. 4ſ.3d. p.femip. |
| Quatre, | 9l.12ſ. 4d. ob. |
| Cinq, | 12l.....5d. ob. femip. |
| Six, | 14l.8ſ. 6d. ob.p. |
| Sept, | 16l.16ſ. 7d.ob.p.fem. |
| LE MARC, | 19l. 4ſ.9d. |
| Deux, | 38l. 9ſ. 6d. |
| Trois, | 57l.14ſ 3d. |
| Quatre, | 76l.19ſ. |
| Cinq, | 96l.3ſ.9d. |
| Six, | 115l.8ſ.6d. |
| Sept, | 134l. 3ſ. 3d. |
| Huict, | 153l.18ſ. |
| Neuf, | 173l.2ſ.9.d. |
| Dix, | 192l.7ſ.6d. |

| | |
|---|---|
| Vingt, | 384 l. 15 f. |
| Trente, | 577 l. 2 f. 6 d. |
| Quarante, | 769 l. 10 f. |
| Cinquante, | 961 l. 17 f. 6 d. |
| Cent, | 1923 l. 15 f. |

---

## *Teftons de Dole.*

| | |
|---|---|
| LE GRAIN, | ob. p. femip. $\frac{59}{192}$ de p. |
| Deux Grains, | 1 d. ob p. femip. |
| Trois, | 2 d. ob. p. |
| Quatre, | 3 d. ob. p. |
| Cinq, | 4 d. ob. p |
| Six, | 5 d. ob. femip. |
| Sept, | 6 d. ob. femip. |
| Huict, | 7 d. ob. |
| Neuf, | 8 d. ob. |
| Dix, | 9 d. ob. |
| Onze, | 10 d. p. femip. |
| Douze, | 11 d. p. femip. |
| Treize, | 1 f. ..... p. |
| Quatorze, | 1 f. 1 d. p. |
| Quinze, | 1 f. 2 d. p. |
| Seize, | 1 f. 3 d. femip. |
| Dix fept, | 1 f. 4 d. femip. |
| Dix huict, | 1 f. 5 d. femip. |
| Dix neuf, | 1 f. 6 d. |
| Vingt, | 1 f. 7 d. |
| Vingt vn, | 1 f. 7 d. ob. p. femip. |
| Vingt deux, | 1 f. 8 d. ob. p. femip. |
| Vingt trois, | 1 f. 9 d. ob. p. femip. |

| | |
|---|---|
| Le DENIER, | 1 ſ. 10 d. ob. p. ⅛ de p. |
| Le demy Gros, | 2 ſ. 10 d. p. — de p. |
| Le GROS, | 5 ſ. 8 d. ob. ⅛ de p. |
| Deux, | 11 ſ. 5 d. — de p. |
| Trois, | 17 ſ. 1 d ½ de p. |
| quatre, | 1 l. 2 ſ. 10 d. ſemip. |
| Cinq, | 1 l. 8 ſ. 6 d. ob. ſe. — de p. |
| Six, | 1 l. 14 ſ. 3 d ſem — de p. |
| Sept, | 1 l. 19 ſ. 11 d. ob. ſe. — de p. |
| L'ONCE, | 2 l. 5  8 d. p. |
| Deux, | 4 l. 11 ſ. 4 d. ob. |
| Trois, | 6 l. 17 ſ. .... ob p. |
| quatre, | 9 l. 2 ſ. 9 d. |
| Cinq, | 11 l. 8 ſ. 5 d. p. |
| Six, | 13 l 14 ſ. 1 d. ob. |
| Sept, | 15 l. 19 ſ. 9 d. ob. p. |
| Le MARC, | 18 l. 5 ſ. 6 d. |
| Deux, | 36 l 11 ſ. |
| Trois, | 54 l. 16 ſ. 6 d. |
| quatre, | 73 l. 2 ſ. |
| Cinq, | 91 l 7 ſ. 6 d. |
| Six, | 109 l. 13 ſ. |
| Sept, | 127 l. 18 ſ. 6 d. |
| Huict, | 146 l. 4 ſ. |
| Neuf, | 164 l. 9 ſ 6 d. |
| Dix, | 182 l. 15 ſ. |
| Vingt, | 365 l. 10 ſ. |
| Trente, | 548 l. 5 ſ. |
| quarante, | 731 l. |
| Cinquante, | 913 l. 15 ſ. |
| Cent, | 1827 l. 10 ſ. |

CETTE ESPECE DE monnoye eſt au meſme titre que les Pieces de Liege non contrefaites : c'eſt pourquoy les Marcs, Onces, Gros & Grains de l'vne & l'autre mõnoye eſtans de meſme prix & valeur ; vous verrez l'eualuation deſdites Pieces és pages 33. 34. 35.

## F I N.